die Schaukel
das Fahrrad
das Seil
der Baum
der Ball
die Bank
der Roller
die Puppe

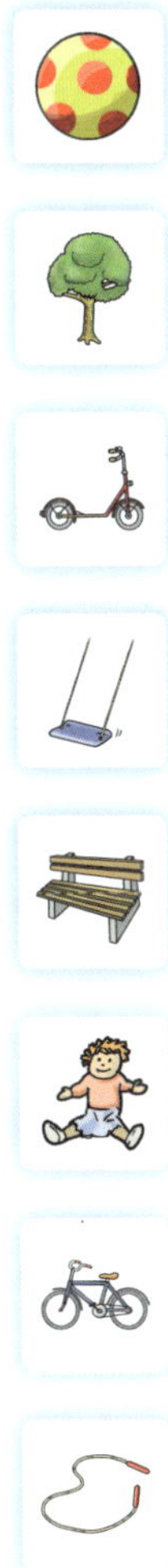

der Ball

☐ der Ball
☐ der Roller
☒ der Baum

☐ die Jacke
☐ die Bank
☐ die Schaukel

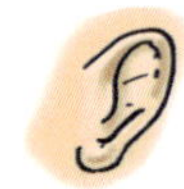

☐ das Ohr
☐ das Seil
☐ das T-Shirt

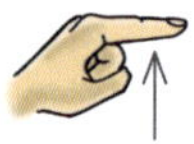

☐ der Finger
☐ der Baum
☐ der Ball

☐ die Bank
☐ die Schaukel
☐ die Puppe

☐ das Fahrrad
☐ das Fenster
☐ das Seil

☐ der Baum
☐ der Zahn
☐ der Roller

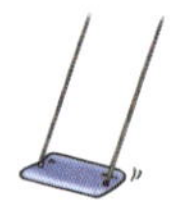

☐ die Schaukel
☐ die Puppe
☐ die Uhr

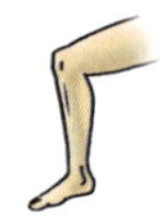

☐ das Bein
☐ das Fahrrad
☐ das Seil

☐ der Roller
☐ der Ball
☐ der Bauch

☐ die Puppe
☐ die Lampe
☐ die Bank

☐ das Bild
☐ das Haar
☐ das Fahrrad

 die Puppe —  die Puppen — n

 ______ — 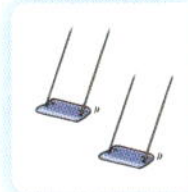 ______ — n

 ______ — 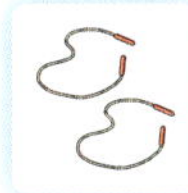 ______ — e

 ______ —  die Fahrräder — a → ä er

 ______ —  ______ — a → ä e

 ______ — 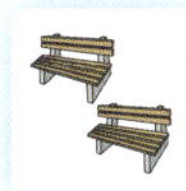 ______ — a → ä e

 ______ —  ______ — au → äu e

 ______ —  ______ — =

Das ist ein Fahrrad.

☐ ja ☐ nein

Die Bank ist grün.

☐ ja ☐ nein

Der Ball ist rot.

☐ ja ☐ nein

Das Fahrrad ist orange.

☐ ja ☐ nein

Der Baum ist gelb.

☐ ja ☐ nein

Das ist ein Roller.

☐ ja ☐ nein

Das ist eine Bank.

☐ ja ☐ nein

Das sind zwei Schaukeln.

☐ ja ☐ nein

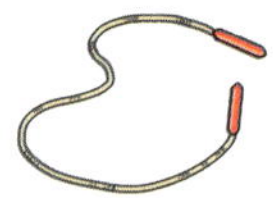

Das sind vier Seile.

☐ ja ☐ nein

Das ist eine Puppe.

☐ ja ☐ nein

fliegen
singen
springen
rennen
hören
spielen
schreiben
malen

spielen

singen

~~singt~~ ~~singen~~

~~singst~~ ~~singt~~

~~singen~~ ~~singe~~

ich	singe
du	singst
er, sie, es	singt
wir	singen
ihr	singt
sie	singen

springen

springen ~~springe~~

springt springen

springst springt

ich	springe
du	
er, sie, es	
wir	
ihr	
sie	

fliegen	fliegst	fliegen
	fliegt	fliegen
	fliege	fliegt

ich	________________
du	________________
er, sie, es	________________
wir	________________
ihr	________________
sie	________________

spielen	spielen	spiele
	spielst	spielen
	spielt	spielt

ich	________________
du	________________
er, sie, es	________________
wir	________________
ihr	________________
sie	________________

malen		
	malt	malen
	malst	malt
	malen	male

ich ______________

du ______________

er, sie, es ______________

wir ______________

ihr ______________

sie ______________

hören		
	hören	höre
	hört	hören
	hörst	hört

ich ______________

du ______________

er, sie, es ______________

wir ______________

ihr ______________

sie ______________

Ich male  ein Bild.

Er ____________  ein Bild.

Wir ____________  ein Bild.

Es ____________  ein Bild.

Du ____________  Musik.

Nele ____________  Musik.

Sie ____________  Musik.
Plural

Ihr ____________  Musik.

Du ____________  ein Lied.

Lisa ____________  ein Lied.

Erik und Ella ____________  .

Wir ____________  .

Ich ____________  nach Italien.

Es ____________  nach Italien.

Ihr ____________  ein Spiel.

Er ____________  ein Spiel.

schreiben

schreiben
schreibst
schreibt
schreiben
schreibt
schreibe

ich ______________________

du ______________________

er, sie, es ______________________

wir ______________________

ihr ______________________

sie ______________________

rennen

rennt
renne
rennen
rennt
rennst
rennen

ich ______________________

du ______________________

er, sie, es ______________________

wir ______________________

ihr ______________________

sie ______________________

Verben

Du ____________  ein Wort.

Elif ____________  ein Wort.

Sie ____________  ein Wort.
Singular

Ihr ____________  ein Wort.

Hasim ____________________  .

Es ____________________  .

Alva und Amir ____________  .

Sie ____________________  .
Plural

Ich ____________  ein Lied.

Wir ____________  ein Lied.

Es ________________  Seil.

Ihr ________________  Seil.

Du __________  nach Berlin.

Sie __________  nach Berlin.
Singular

Sie ____________  ein Spiel.
Plural

Er ____________  ein Spiel.

☐ Mia springt Seil.

☐ Alva singt ein Lied.

☐ Paul und Amir rennen.

☐ Der Vogel fliegt.

☐ Leo schreibt einen Text.

☐ Sie hören ein Lied.

☐ Sie schreibt einen Brief.

☐ Sie malt ein Bild.

☐ Wir spielen Karten.

☐ Elena springt Seil.

☐ Der Vogel fliegt.

☐ Kim singt ein Lied.

☐ Hugo malt ein Bild.

☐ Hugo hört Musik.

☐ Sadi und Elif singen.

☐ Sie spielen ein Spiel.

die Flasche
die Tasse
das Glas
die Schüssel
die Gabel
der Löffel
der Teller
das Messer

____

____

____

____

____

____

____

____

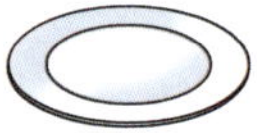

- ☐ der Löffel
- ☐ der Teller
- ☐ der Mund

- ☐ die Schüssel
- ☐ die Gabel
- ☐ die Tasse

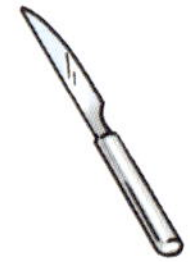

- ☐ das Glas
- ☐ das Auge
- ☐ das Messer

- ☐ der Baum
- ☐ der Löffel
- ☐ der Teller

- ☐ die Gabel
- ☐ die Flasche
- ☐ die Tasse

- ☐ das Ohr
- ☐ das Messer
- ☐ das Glas

- ☐ der Teller
- ☐ der Kopf
- ☐ der Fuß

- ☐ die Flasche
- ☐ die Gabel
- ☐ die Schüssel

- ☐ das Bein
- ☐ das Glas
- ☐ das Kinn

- ☐ der Hals
- ☐ der Bauch
- ☐ der Löffel

- ☐ die Tasse
- ☐ die Flasche
- ☐ die Schüssel

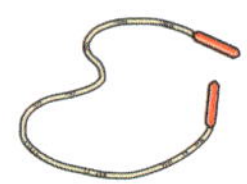

- ☐ das Messer
- ☐ das Seil
- ☐ das Haar

n

n

n

n

a → ä
er

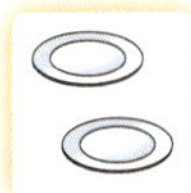

=

=

=

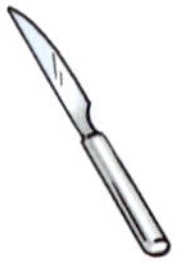

☐ Das ist ein Teller.

☐ Das ist kein Teller.

☐ Das ist keine Tasse.

☐ Das ist eine Tasse.

☐ Das ist eine Flasche.

☐ Das ist keine Flasche.

☐ Das ist kein Glas.

☐ Das ist ein Glas.

☐ Das ist kein Löffel.

☐ Das ist ein Löffel.

☐ Das ist eine Schüssel.

☐ Das ist keine Schüssel.

☐ Das ist keine Gabel.

☐ Das ist eine Gabel.

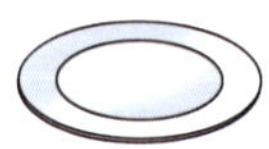

☐ Das ist ein Messer.

☐ Das ist kein Messer.

das Brot
das Wasser
die Milch
der Tee
die Wurst
das Ei
der Saft
der Käse

- ☐ der Saft
- ☐ der Tee
- ☐ der Käse

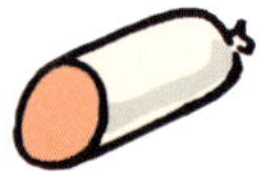

- ☐ die Milch
- ☐ die Wurst
- ☐ die Gabel

- ☐ das Brot
- ☐ das Glas
- ☐ das Ei

- ☐ der Teller
- ☐ der Saft
- ☐ der Tee

- ☐ die Tasse
- ☐ die Flasche
- ☐ die Wurst

- ☐ das Messer
- ☐ das Kinn
- ☐ das Brot

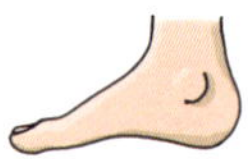

- ☐ der Käse
- ☐ der Löffel
- ☐ der Fuß

- ☐ die Schüssel
- ☐ die Milch
- ☐ die Puppe

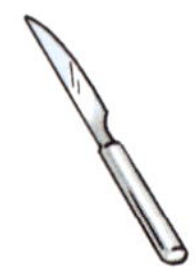

- ☐ das Messer
- ☐ das Ei
- ☐ das Wasser

- ☐ der Tee
- ☐ der Käse
- ☐ der Saft

- ☐ die Wurst
- ☐ die Tasse
- ☐ die Milch

- ☐ das Brot
- ☐ das Wasser
- ☐ das Ei

e

a → ä
e

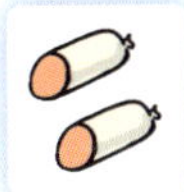

u → ü
e

er

=

s

Plural unüblich

Plural unüblich

trinken		
	trinken	trinkst
	trinkt	trinken
	trinkt	trinke

ich	______
du	______
er, sie, es	______
wir	______
ihr	______
sie	______

essen		
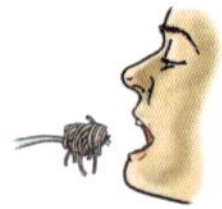	~~isst~~	essen
	~~isst~~	esst
	essen	esse

ich	______
du	isst
er, sie, es	isst
wir	______
ihr	______
sie	______

Ich trinke Milch. 

Sie ______ ______ . 
Singular

Wir ______ ______ . 

Sie ______ ______ . 
Singular

Er ______ ______ . 

Ihr ______ ______ . 

Ich ______ ______ . 

Du ______ ______ . 

Du ______ ______ . 

Er ______ ______ . 

Wir ______ ______ . 

Es ______ ______ . 

Sie ______ ______ . 
Plural

Sie ______ ______ . 
Plural

Ihr ______ ______ . 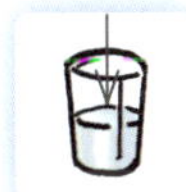

Es ______ ______ . 

Male drei
rote Tassen.

Male eine
blaue Flasche.

Male vier
braune Eier.

Male eine Schüssel
und zwei Löffel.

Male eine Gabel
und ein Messer.

Male einen Teller
mit Brot und Käse.

hinten

Orientierung

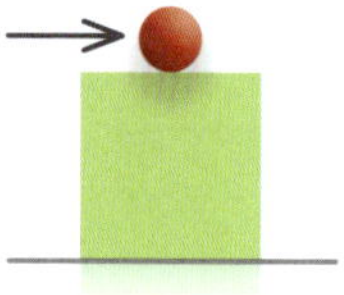

☐ oben
☐ rechts
☐ unten

☐ unten
☐ links
☐ oben

☐ rechts
☐ oben
☐ links

☐ links
☐ hinten
☐ vorne

☐ hinten
☐ rechts
☐ oben

☐ vorne
☐ hinten
☐ links

☐ oben
☐ rechts
☐ links

☐ vorne
☐ hinten
☐ rechts

☐ rechts
☐ unten
☐ oben

☐ hinten
☐ oben
☐ vorne

☐ rechts
☐ unten
☐ links

☐ links
☐ oben
☐ hinten

☐ Die Puppe ist unten.

☐ Die Puppe ist links.

☐ Das Ei ist vorne.

☐ Das Brot ist vorne.

☐ Der Ball ist hinten.

☐ Das Wasser ist hinten.

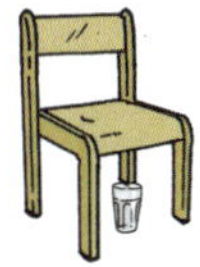

☐ Das Glas ist unten.

☐ Das Glas ist oben.

☐ Die Bank ist vorne.

☐ Die Bank ist hinten.

☐ Die Gabel ist unten.

☐ Die Gabel ist links.

☐ Der Roller ist rechts.

☐ Der Roller ist oben.

☐ Die Milch ist unten.

☐ Die Milch ist rechts.

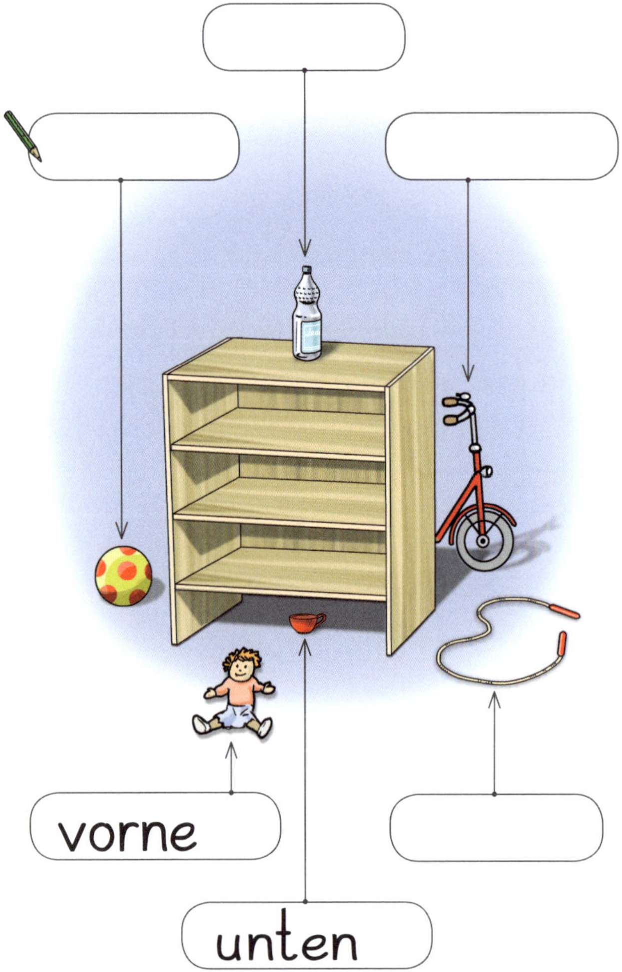

Die Tasse ist unten.

das Pferd
das Schaf
der Vogel
die Kuh
der Hund
die Maus
die Katze
das Huhn

- ☐ der Vogel
- ☐ der Hund
- ☐ der Saft

- ☐ die Maus
- ☐ die Katze
- ☐ die Kuh

- ☐ das Schaf
- ☐ das Pferd
- ☐ das Huhn

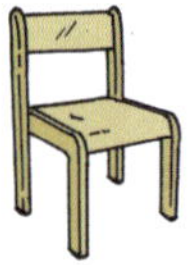

- ☐ der Tee
- ☐ der Löffel
- ☐ der Stuhl

- ☐ die Wurst
- ☐ die Tasse
- ☐ die Katze

- ☐ das Ei
- ☐ das Schaf
- ☐ das Pferd

- ☐ der Roller
- ☐ der Vogel
- ☐ der Hund

- ☐ die Kuh
- ☐ die Maus
- ☐ die Schaukel

- ☐ das Huhn
- ☐ das Brot
- ☐ das Schaf

- ☐ der Hund
- ☐ der Arm
- ☐ der Vogel

- ☐ die Katze
- ☐ die Kuh
- ☐ die Maus

- ☐ das Pferd
- ☐ das Huhn
- ☐ das Wasser

  e

  e

  e

  n

  u → ü
e

  au → äu
e

  u → ü
er

  o → ö

Male

- [x] Das ist ein Pferd.
- [ ] Male das Pferd braun.
- [ ] Links ist ein Baum.
- [ ] Der Baum ist grün.
- [ ] Vorne ist eine blaue Blume.
- [ ] Male eine Schüssel mit Wasser.
- [ ] Rechts unten ist eine Maus.
- [ ] Male dem Pferd eine rote Mütze.

groß ⟷ klein

schnell ⟷ langsam

dick ⟷ dünn

schwer ⟷ leicht

dick

Die Kuh ist schwer.

☐ ja ☐ nein

Der Hund ist dünn.

☐ ja ☐ nein

Die Maus ist groß.

☐ ja ☐ nein

Das Schaf ist dick.

☐ ja ☐ nein

Der Vogel ist leicht.

☐ ja ☐ nein

Das Huhn ist schnell.

☐ ja ☐ nein

Die Katze ist langsam.

☐ ja ☐ nein

Das Pferd ist klein.

☐ ja ☐ nein

Das Huhn ist schwer.

☐ ja ☐ nein

Die Katze ist schnell.

☐ ja ☐ nein

		dick
		langsam
	ist	dünn
		groß
		klein

		schwer
	ist	leicht
		schnell

Das Huhn ist langsam.

der Opa
der Onkel
die Tante
die Oma
Julia
Hugo
Mario
Leo
Mia
Irene
Paul
Kim
der Vater
die Mutter
die Schwester
der Bruder

der Vater

Irene

die Oma

Mario

die Oma

der Opa

Hugo

Mia

Leo

Julia

Paul

Kim

☐ der Vater
☐ der Bruder
☐ der Käse

☐ der Vater
☐ der Opa
☐ der Bruder

☐ die Schwester
☐ die Mutter
☐ die Oma

☐ der Onkel
☐ der Saft
☐ der Opa

☐ der Tee
☐ der Bruder
☐ der Onkel

☐ die Schwester
☐ die Tante
☐ die Maus

☐ der Hund
☐ der Ball
☐ der Vater

☐ die Mutter
☐ die Oma
☐ die Schwester

☐ die Kuh
☐ die Schaukel
☐ die Tante

☐ der Opa
☐ der Bruder
☐ der Onkel

☐ die Tante
☐ die Katze
☐ die Oma

☐ die Oma
☐ die Schwester
☐ die Mutter

 die Schwester  ______ n

 ______  ______ n

 ______  ______ s

 ______  ______ s

 ______  ______ u → ü

 ______  ______ u → ü

 ______  ______ a → ä

 ______  ______ =

Der Vater heißt Leo.

Die Mutter heißt ______.

Der Opa heißt ______.

Die Oma heißt ______.

Der Bruder heißt ______.

Die Schwester heißt ______.

Die Tante heißt ______.

Der Onkel heißt ______.

heißen	heißen	heiße
	heißt	heißt
	heißt	heißen

heißen

ich ______

du ______

er, sie, es ______

wir ______

ihr ______

sie ______

→ Seite 35

Der Vater hat eine Schwester.

☐ ja ☐ nein

Die Mutter hat drei Mütter.

☐ ja ☐ nein

Kim und Paul haben einen Onkel.

☐ ja ☐ nein

Der Bruder hat zehn Opas.

☐ ja ☐ nein

Die Schwester hat eine Tante.

☐ ja ☐ nein

→ Seite 35

haben	~~hat~~	habe
	habt	haben
	~~hast~~	haben

ich	______
du	hast
er, sie, es	hat
wir	______
ihr	______
sie	______

Male

- [x] Elena spielt Ball.
- [ ] Das T-Shirt ist rot,
- [ ] die Hose ist gelb
- [ ] und die Schuhe sind rot.
- [ ] Sie hat braune Haare.
- [ ] Der Ball ist orange.
- [ ] Male Elenas Rollstuhl grün.
- [ ] Unten rechts ist ein Seil.
- [ ] Oben fliegen drei blaue Vögel.

wütend
verliebt
lustig
glücklich
traurig
müde
ängstlich
krank

glücklich

☐ traurig
☐ lustig
☐ krank

☐ traurig
☐ krank
☐ lustig

☐ lustig
☐ wütend
☐ verliebt

☐ glücklich
☐ wütend
☐ traurig

☐ verliebt
☐ glücklich
☐ wütend

☐ glücklich
☐ verliebt
☐ ängstlich

☐ lustig
☐ verliebt
☐ müde

☐ müde
☐ krank
☐ verliebt

☐ krank
☐ ängstlich
☐ müde

☐ wütend
☐ müde
☐ glücklich

☐ ängstlich
☐ traurig
☐ lustig

☐ müde
☐ ängstlich
☐ glücklich

sein		
	~~bin~~	~~sind~~
	~~bist~~	~~seid~~
	~~ist~~	~~sind~~

ich	bin
du	bist
er, sie, es	ist
wir	sind
ihr	seid
sie	sind

Ich bin glücklich ______.

Du bist ______ ______.

Peter ______ ______.

Sarah ______ ______.

Das Schaf ______ ______.

Wir ______ ______.

Ihr ______ ______.

Erik und Sina ______ ______.

D I C K

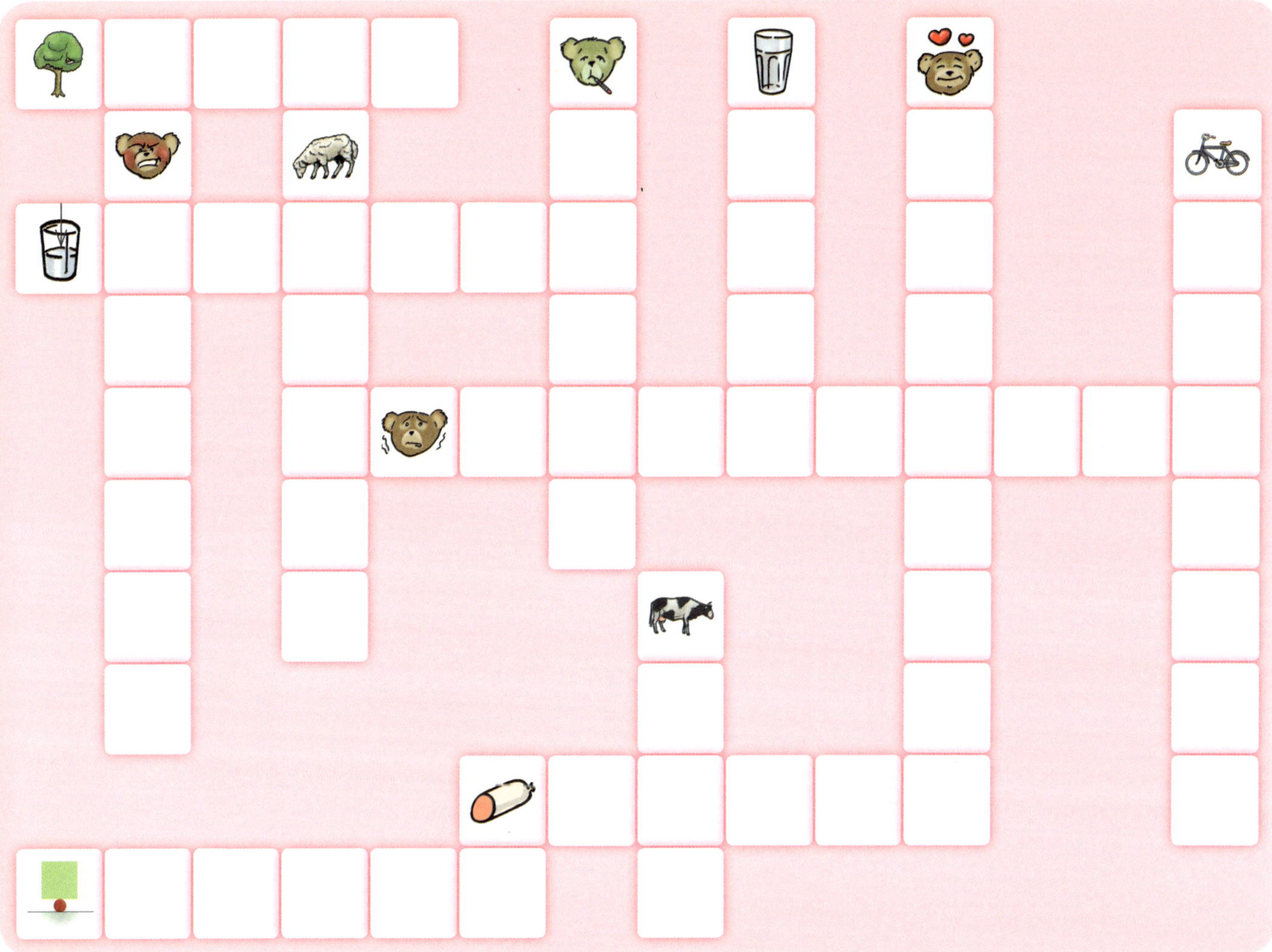

Pause

 der Ball, die Bälle

 der Baum, die Bäume

 der Roller, die Roller

 die Puppe, die Puppen

 die Bank, die Bänke

 die Schaukel, die Schaukeln

 das Seil, die Seile

 das Fahrrad, die Fahrräder

Verben

 springen

 fliegen

 spielen

 malen

 hören

 schreiben

 rennen

 singen

 essen

 trinken

heißen

haben

sein

Essen und Trinken

 der Teller, die Teller

 der Löffel, die Löffel

 die Tasse, die Tassen

 die Flasche, die Flaschen

 die Gabel, die Gabeln

 die Schüssel, die Schüsseln

 das Glas, die Gläser

 das Messer, die Messer

Frühstück

 der Käse, die Käse

 der Saft, die Säfte

 der Tee, die Tees

 die Wurst, die Würste

 die Milch

 das Brot, die Brote

 das Wasser

 das Ei, die Eier

Orientierung

oben
unten
links
rechts
vorne
hinten

Adjektive

groß
klein
schwer
leicht
schnell
langsam
dick
dünn

Tiere

der Vogel, die Vögel
der Hund, die Hunde
die Katze, die Katzen
die Kuh, die Kühe
die Maus, die Mäuse
das Pferd, die Pferde
das Huhn, die Hühner
das Schaf, die Schafe

Familie

der Vater, die Väter
der Bruder, die Brüder
der Opa, die Opas
der Onkel, die Onkel
die Mutter, die Mütter
die Schwester, die Schwestern
die Oma, die Omas
die Tante, die Tanten

Gefühle

glücklich
traurig
lustig
verliebt
wütend
müde
ängstlich
krank

Bestimmte Artikel

ab Seite 1

Der, die, das sind Artikel. Fast alle Nomen haben einen Artikel. Die Zuordnung der Artikel ist nicht regelhaft. Lerne deshalb die Artikel mit den Nomen mit. Die Farben können dir dabei helfen.

Verneinungen mit kein / keine

ab Seite 16

Die Endungen bei „ein / kein“ und „eine / keine“ sind gleich.
Das ist eine Uhr / keine Uhr. Das ist ein Tisch / kein Tisch. Das ist ein Buch / kein Buch.

Verben

ab Seite 5

Verben verändern sich, wenn unterschiedliche Pronomen (Fürwörter) vorausgehen.
Verben können sich regelhaft oder unregelhaft verändern. Unregelmäßige Verben im Präsens sind durch einen lila Rahmen gekennzeichnet.

ich	singe
du	singst
er, sie, es	singt
wir	singen
ihr	singt
sie	singen

ich	esse
du	isst
er, sie, es	isst
wir	essen
ihr	esst
sie	essen

Grammatik